DISCOURS

Prononcé à l'occasion du Mariage

DE

Monsieur Henry Rougevin Bâville

ET DE

Mademoiselle Germaine Barbier

Le 26 Novembre 1891

EN L'ÉGLISE SAINT-SYMPHORIEN DE VERSAILLES

PAR

Le R. P. VALLÉE

DES FRÈRES PRÊCHEURS

VERSAILLES
IMPRIMERIE LOUIS LUCE
1892

DISCOURS

Prononcé à l'occasion du Mariage

DE

Monsieur Henry Rougevin Bâville

ET DE

Mademoiselle Germaine Barbier

Le 26 Novembre 1891

EN L'ÉGLISE SAINT-SYMPHORIEN DE VERSAILLES

PAR

LE R. P. VALLÉE

DES FRÈRES PRÊCHEURS

VERSAILLES
IMPRIMERIE LOUIS LUCE
1892

Mon Cher Ami,
Mademoiselle,

C'est d'un cœur tout joyeux et plein de Foi dans les bénédictions divines, qui vous enveloppent tous deux, que je prends la parole en ce moment. Elevé dans un foyer plein d'honneur, où les cœurs s'aimaient profondément et saintement, vous vous êtes dit, Monsieur, dès le premier éveil de votre cœur, que vous vous garderiez pour des bonheurs semblables, et Dieu qui vous savait sincère, et qui bénissait vos rêves, vous a montré, de loin encore, mais dans une lumière qui ne laissait place qu'à l'espérance, l'être qu'il avait choisi lui-même pour les réaliser. Je salue cette minute de votre vie avec un attendrissement profond, parce que j'y vois la grande miséricorde de Dieu sur votre jeunesse. Vous aviez l'âme ardente autant qu'aucun de ceux qui vous entouraient, vous aviez le cœur haut sans doute, mais plein de tendresses profondes, qui pouvaient, comme tant d'autres, vous exposer à de douloureuses surprises. Le milieu où votre jeunesse allait s'écouler, est bien par certains côtés le plus généreux, le plus riche d'énergie, de passion pour le bien. Vous êtes, à priori, pour le salut, pour l'honneur de la Patrie, des « Fiancés de la mort », vous, les soldats de la France, et je ne sais rien qui élargisse l'horizon davantage et puisse faire passer sur le cœur des souffles plus fiers et des enthousiasmes plus féconds. Et puis, le côté austère, la discipline vigoureuse, incessante de votre vie, gardent vos volontés amies de l'effort et inclinées tout naturellement au sacrifice. Mais, hélas ! il y a autre chose en ce milieu; il y a des entraînements; il y a des volontés qui fléchissent; il y a des cœurs qui se gardent mal; il y en a qui passent à l'ennemi. Le monde n'a que des sourires et des complaisances pour les défaites. Qui dira pourtant ce qu'elles engagent de la dignité de la vie, et parfois de l'avenir même du pays ?

Eh bien, Dieu vous a gardé contre ce péril. L'émotion mystérieuse qui vous avait livré l'un à l'autre avait décidé de votre jeunesse. C'est sous le regard de Dieu que vous alliez la vivre avec un abandon d'enfant. Avec une foi qui ne s'est jamais démentie, vous avez remis votre cœur entre ses mains, voulant qu'en chose si grave ce fût Lui qui décidât souverainement. Et si ce cœur est bien vôtre, Mademoiselle, c'est que Dieu même vous l'a gardé; c'est Lui qui l'a mûri, qui l'a sanctifié afin qu'il fût plus digne de vous.

A ce foyer qui s'ouvre sous de telles bénédictions du côté de Dieu, et où, humainement, vous apportez de part et d'autre des traditions si belles et tout un passé d'honneur, de dévouement, de glorieux services rendus au pays, les uns par l'épée, les autres par ce haut et fier sentiment de la justice qui anima si longtemps la magistrature de France et dont notre temps a connu de si généreux martyrs, à ce foyer, dis-je, où vous savez que vous entrez bénis à plein cœur par tous ceux qui vous aiment, quelle vie mènerez-vous ?

Vos parents, vos amis ne songent qu'à vous féliciter, les meilleurs, les plus saints d'entre eux, tout au plus qu'à prier pour ce bonheur qui vous attend et auquel nous croyons tous. Moi qui vous parle au nom de l'Eglise, au nom du Christ Jésus, me permettrez-vous d'y ajouter les divines paroles qui sont comme la charte constitutive du foyer chrétien ? Voici les textes sacrés. Dieu dit au mari : « Mari, aimez votre femme, vous êtes la tête ; vous êtes le chef du foyer, mais vous relevez vous-même d'un autre chef : « CAPUT MULIERIS VIR, CAPUT VIRI CHRISTUS. »

Il dit à la femme : « Femmes, soyez soumises à votre mari comme au Seigneur lui-même. »

Dieu vous sacre donc aujourd'hui, mon ami, chef de famille : CAPUT MULIERIS VIR. C'est de vous que la lumière devra venir à tous, à votre femme, aux enfants qu'Il vous donnera, aux serviteurs même. Vous êtes le chef, CAPUT.

Mais à quelle discipline intérieure un tel honneur vous oblige ! Et comme d'un mot nous sommes transportés loin des égoïsmes et des pauvretés que nous pouvions redouter. Vous serez le chef, mais sous le commandement d'un chef supérieur, le mari est le chef de la femme, mais le Christ est le chef du mari.

Voyez-vous, dès lors, en quelle lumière et en quelle charité vous aurez à vous mouvoir. C'est du Christ Jésus, de Celui qui sait tout de l'âme humaine, toute la charité dont le Père qui est aux Cieux l'enveloppe, toute la destinée glorieuse qu'il lui a faite, c'est du Christ qui, pour dire ces gloires à chacun de nous, a payé de sa personne et nous a aimés jusqu'à en mourir, c'est de Celui-là que vous recevrez le pouvoir et le don de commander. Vous commanderez comme Lui en aimant sans mesure, en ayant au cœur tous les respects, toute la foi, toute la passion de glorifier et de sauver qui furent en Lui.

Messieurs, ce commandement au foyer, tous le rêvent et ils ont raison; c'est leur devoir plus encore que leur droit. Mais allez jusqu'au bout dans le respect du texte sacré, et souvenez-vous des conditions qui peuvent rendre légitime votre autorité. Si vous n'avez pas le cœur pétri de la charité même du Crucifié; si vous n'aimez pas votre femme comme Il a aimé son Église, comme Il a aimé nos âmes, vous ne suffirez pas à votre tâche. Sous le regard et dans la charité du Christ les âmes se comprennent, les cœurs se fondent, les égoïsmes se taisent peu à peu ; au besoin, on tombe à genoux l'un et l'autre à ses pieds adorés pour Lui demander la lumière, la consolation, la paix dont les cœurs ont faim. Mais quand le Christ demeure inconnu ; quand vous ne savez rien de Lui, à quoi voulez-vous aboutir, sinon à d'inévitables échecs ? Prenez garde, vous qui ne savez rien du Christ, vous qui, peut-être, vous vantez de l'avoir supprimé de votre vie, prenez garde à toute cette misère qui fermente en nous, même quand nous cherchons le bien. J'ai bien peur que vous ne soyez la proie de formules qui vous abusent, et dont vous aurez trop souvent à expérimenter l'impuissance et le vide. Laissez donc à Dieu sa place à votre foyer, si vous voulez comprendre l'âme de celle que vous aimez et le cadre où elle est appelée à se mouvoir, il faut en finir avec ces partis-pris inintelligents d'un être qui a mission de commander, et qui ne sait jamais regarder en face Celui-là seul qui légitime le commandement. Le mouvement qui nous relie à Dieu n'est-il pas, après tout, le plus haut et le plus saint que nous puissions connaître ? Pourquoi ne pas vous rencontrer, maris et femmes, en ces profondeurs divines ? Que de richesses en vos âmes qui ne peuvent être pressenties, révélées que lorsque vous êtes tous deux face à Dieu! Et que d'intimités les éveils de vos âmes en la même lumière rendraient possibles et qui vous apporteraient des bonheurs ineffables et vraiment dignes de vous !

Mon ami, vous n'êtes pas de ceux qui ne veulent pas savoir, votre jeunesse n'a pas eu peur de Dieu, elle l'a cherché ; elle l'a voulu. Et Dieu est venu dans cette paix, ces lumières, ces intimités divines que les cœurs purs connaissent. Vous savez ce que Dieu veut de vous deux, vous serez le chef que Jésus-Christ a rêvé, non pas au commandement impérieux qui broie, qui écrase, mais à la charité sans mesure, et qui ne saurait comment envelopper assez d'honneur et de tendresses saintes la compagne de votre vie.

Mademoiselle, par tout ce que je viens de dire j'ai fait déjà le commentaire de la partie du commandement divin qui vous regarde. Il vous est dit d'obéir à votre mari comme vous obéiriez au

Seigneur Lui-même. En la lumière où nous sommes, en face du profond amour que l'exercice chrétien de l'autorité suppose chez le mari, où serait place pour un malentendu quelconque ? Vous n'arrivez pas au foyer comme un être secondaire et que la servitude attend. Vous êtes « l'aide semblable », désiré, que la miséricorde de Dieu a créé pour partager tout de la vie de votre mari, bonheurs ou tristesses, épreuves ou gloires. Vous obéirez comme vous le feriez pour Dieu lui-même. Si votre cœur est le royaume de votre mari, son cœur à lui aussi vous appartiendra tout entier. S'il s'empare de son royaume à force de vous aimer, vous vous emparerez du vôtre à force de lui obéir. Plus votre obéissance sera douce, empressée, joyeuse, plus vous serez fidèle à la grâce que le Sacrement va vous conférer dans un instant, plus vous serez dans la place même de Dieu et dans le respect de ses miséricordes sur vous deux, et par cela même plus vous serez assurée du triomphe.

Soyez ainsi, mes amis, la bénédiction vivante de Dieu l'un pour l'autre, et que chacun de vous puisse dire vraiment : « Voici l'os de mes os et la chair de ma chair. » Soyez heureux, l'un par l'autre, de ce bonheur surhumain que Dieu veut, que sa grâce rend possible, que si peu entendent pourtant, mais que tous deux n'est-ce pas, vous comprendrez et vivrez.

Et c'est pour cela que je termine comme j'ai commencé, par un cri de joie et de foi profonde dans le bonheur qui vous attend; c'est pour cela que vos parents sont heureux en ce moment d'une joie si franche et si absolue; c'est pour cela, enfin, que tout-à-l'heure notre prière à tous va monter si confiante au « Père de tout don parfait » pour que la plénitude de sa grâce descende sur vous, et pour qu'Il achève divinement en vous deux ce qu'Il a divinement commencé.

AMEN.

BIBLIOTHEQUE NATIONALE DE FRANCE

3 7502 00839129 6

www.ingramcontent.com/pod-product-compliance
Lightning Source LLC
Chambersburg PA
CBHW060933050426
42453CB00010B/1987